Noche y Día

Noche y Día
ARTURO CARRERA

Epílogo de César Aira

Primera edición: junio de 2005
© Editorial Losada, S. A.
Moreno 3362 - 1209 Buenos Aires, Argentina
Fuencarral 45, 2º G, 28004, Madrid, España
T +34 915 234 618
T +34 915 241 122
www.editoriallosada.com
Producido y distribuido por Editorial Losada, S. L.
Calleja de los Huevos, 1, 2º izda. - 33003 Oviedo
Impreso en Argentina
Tapa: Ana Vargas
Maquetación: Taller del Sur
Queda hecho el depósito que marca la ley 11723.
Libro de edición argentina

Carrera, Arturo
 Noche y Día. -1ª ed. - Buenos Aires: Losada, 2005.
 176 p.; 13 x 20 cm. - (Poetas de ayer y de hoy)

 ISBN 950-03-5705-4

 1. Poesía Argentina. I. Título
 CDD A861

Índice

Prólogo 9

I. NOCHE 11

1. Carpe noctem 13
2. Carpe noctem del verano 31

II. DÍA 83

1. Carpe diem de la pesca 85
2. Carpe diem del arco iris 105

Epílogo de César Aira 159

Prólogo

Que todo nuevo libro mío borre las frivolidades del recuerdo. Que su certidumbre provenga, como el instante de una noche o de un día, de la epifanía de un signo o de un puñado de signos. En esos momentos la realidad se ofrece como evidencia. Se enmascara como ella en nuestro llamado indiferente: cada vez no sabemos qué son, la noche y el día.

Los antiguos les dieron nombres y metáforas y advirtieron que estaban palpando a ciegas muy cerca de la música, de la muerte y del amor.

El **carpe diem** del poeta Horacio (traducido vulgarmente como "vive el día" —piensa mínimamente en el venidero—), fue útil para aceptar una manera de vivir que se agota en el instante presente, en la fugacidad de un improbable recuento.

El **carpe noctem** de Luciano y de las anónimas *Mil y una noches*, acentuó el carácter de *continuum* y nos dio la figura del *carmen perpetuum*: un poema que no acaba nunca —signo también de la inocente pregunta humana: ¿quién soy?, ¿adónde vamos?, ¿cuánto durará este día que sostiene la noche?

Los místicos o silenciosos aceptaron que la tranquila y erótica pregunta sobre la noche del alma (San Juan, Santa Teresa) desembocara en el lugar de lo sagrado.

Intenté investigar, en las dos partes de este librito, esa propuesta de ritmo como *continuum*; que no resultó sino la cuenta única de unos días de verano pasados en Arles, en Voreppe y en Pringles. Tres lugares también para practicar como un niño el verbo *carpere*. Que para mí es todo lo que los traductores entrevieron como una **imposibilidad creativa** de traducción: "gozar el día", "carpir el terreno quitando las malezas", "cortar flores mientras paseamos, sin detenernos", y hasta "recortar del manto ubicuo de un dios nuestros nombres posibles".

A. C.

I. Noche

1. Carpe noctem

Carpe noctem

De la noche en la noche entre locuaces ranitas
descubren miel las sensaciones. Resulta de palabras
el niño pescador, el perro que ladra en sueños,
el loro que no dice "puto" —aunque le insisten,
el olor del caballo en el lavaderito en ruinas.

Y el día no viene sin los Morbos y el Miedo de la noche;

y el niño no reclama monedas y más alto, las últimas
en su cabeza ansiosa siente sonar metálicas,
signo del padre ausente todavía.

Sube al caballito y lo doma con un vértigo más agudo
que la velocidad y el Tiempo y el grito
no se parecen a lo que él nos enseña,
más de cuanta media palabra no se amolda a su designio.

Pero el cielo otra vez: azúcar impalpable
sobre un cuadrado de tinta.

Carpe noctem

Insiste en que no sabe qué es la noche
entre caricias que no espera.

Su pelo
tiene la destreza de entrar en los sueños y
su cabellera es una forma que nada limita,
que tiene los hilos,

los hilos de la fuerza de la música
allí, ahora, como si nada supiera.

Es un afeite la noche. En una Peluquería Modelo;
para que después visitemos a los muertos en
las catástrofes del sueño:

lacas convexas al mirar de reojo espejos,
y autorretrato cóncavo en la cara de la luna.

Se diría que un murmullo no capta la luz
sino las sombras que entrampa cada poema.
Dijiste: "Los astrónomos dirían: **agujeros negros,**
Freud: **melancolía,** Lezama Lima: **tokonoma** y Bataille:
muertecita".

Sin embargo es **carpe noctem**: goza de este
único vestigio de dolor y misterio.

Carpe noctem

Tampoco la oscuridad incomprensible
ni el silencio casero son el peligro y el deseo
que amenaza la ilusión de noche. ¿De qué?

De que la noche
sea la inaceptable intimidad de una espera.
Como una respiración que tiene la fuerza
de acallarnos.

Pero no puede aumentar la cantidad de sosiego
tu mirada en mi memoria.

La beatitud de un recuerdo abre un desfiladero,
una luz para los "llamados" que como ovejas que se cuentan
vienen a saltar cada reproche, cada remordimiento,
cada valla pastoril del día.

Pero allí también te espera
y te confunde con brillo y opacidad la noche.
Mucho en ella tenías y el colmo fue
en el sueño este arco iris incompleto.

Carpe noctem

Que la noche no nos preguntara nada.
Que sólo las lámparas encendidas para los amigos
dieran cuenta de un afecto remoto y excesivo.
Que no pudiera medirse el tiempo que guardó esa
promesa el gesto ciego de la intimidad —tan espontáneo
que ya no nos pertenece.

Que el silencio fuera el secreto de una anécdota
y
que la anécdota fuera tan insignificante
que en su aparente oscuridad durmiera
como un grillo.

Que lo que no sabemos qué es advenga para todos,
fingiendo todos saber que no lo saben.
Ellos preguntaron: "¿Cómo será esta noche?
¿Qué fin tendrá la noche?
¿Próspero o adverso?"

En el sentido una apuesta más secreta nos vigila
y olvida.

Carpe noctem

Claridad de la luna, ahora,
y esas tres nubecitas súbitas
que recortan el cielo con sus
puntillas mentirosas

¿puedo rozarlas?

¿Es con mi escritura la mano de un adiós
parecido al de la infancia, cuando
mi madre se alejaba?

Mis pies reconocían
el sentido entero de su marcha.
El sentido oscuro que mi alma jamás tuvo.

El grito,
cuando en los sueños aparecían ya
mis hijos crecidos,
la luz clara de las palabras de ellos.

¿Y nosotros quiénes éramos?
¿Quiénes somos en el rapto nocturno?

Carpe noctem

Queridos hijos que duermen
no a mi lado sino en los cuartos contiguos.
¿Por qué despierto miro eso que enredan
las veloces fuerzas en el sueño,
y aquello que por instantes domina
la verosimilitud de los durmientes?

¿Cuánto de mí hay en ustedes —que sufro?
¿Cuánto en placer de mí depende, suspendido
como un diablillo que sonríe en sueños
de una vida que yo también sostuve
cuando mi padre velaba por mí?

Una ilusión o réplica
a la inútil indagación: la obsesión de escribir,
para que el pudor se transforme en anécdota
y la impotencia gotee en el dolor.

Su mal (el mal
que vuelve útil la poesía) —jamás exento de
sinceridad. Su cuerpo, parece un habla
y palabras; y cuando me canso de ese hablar,
miro las imágenes.

No se mueven,
no fingen.

y a través de ellas una disposición casi obscena
de la atención intermitente
no explica el misterio —ni lo innegable de la noche
que no conoce la igualdad del miedo y dice con el monje:
"...duerme, duerme con ellos cada vez,
aunque ellos sean los mismos que despiertos
sufren como todos."

Carpe noctem

Chucena techa su choza;

sin duda en secreto,
el más remoto secreto
dado que la noche es el dado
y la alegría el arte de jugar ese instante.

un señuelo del tiempo

la carga del dado

Los techadores alinean las tejas
mientras hablan del campo;
levantan algunas,

limpian, raspan, adaptan otras, para que
cabalguen, perfectas, y que la nieve y el agua
se deslicen sin interrupción
como ahora las figuras en la luz bajo el sol
animadas, suspendidas
en los trinos, en los gorjeos de los pájaros.

De un lado, diría el Oriente,
las torcazas colombinas,
sus arrullos insistentes y del otro,
los gritos de los benteveos.

En el medio, parece,
en un nido erizado y enorme construido
sobre una antena en desuso,
el parloteo chirriante de los loros.

El golpeteo de un martillo
contra la teja que no quiere ceder su antigua forma,
ahora proviene de otro mundo.

atardece

mientras los loros custodian chillando
el nido híspido pero asombroso,
las golondrinas purpúreas barren con silbidos
el aire anaranjado y brillante que se oscurece
poco a poco.

2. Carpe noctem del verano

Carpe noctem

Las ranas del estanque lejos, seguras,
pulsan sus instrumentos simples,
hinchan sus bolsas resonadoras;

los sapos despiertan la oscuridad del agua y

unos pájaros de voces roncas se mezclan
al canon desigual de los últimos horneros,
al puntillismo de las tijeretas que juegan en zig-zag
y entredormidas cantan.

todo parece queja y chispas;
sin embargo se festeja la llegada del anochecer

...los almanaques destruidos

parecen las fotos que quemaste: **similares**
en su modo de arder en la memoria,

el movimiento de cada hoja al arquearse
hace el sentido del fuego que se enciende.

carpe noctem

Carpe noctem

Darle forma al sentido.

forjar si fuera posible entre lágrimas o
a través de ellas, si aceptaran,
el funesto goce del "conteo" real,
un habla precaria parecida al ronroneo...

¿Cuántas lágrimas? —y en el fondo celeste,
¿cuántas gotas de rocío?

Repetida fijeza de un sueño crecido
en la noche de un otro murmurado.

Carpe noctem

...y formas deshechas también,
que en la inmovilidad aparente de una visión
corrigen su propia aniquilación,
su propio exceso:

"no estás, no sé si estarás..."

Tu muerte aseguró que mi presencia
fuera exigua en esta noche.
Y que tu presencia degradada fuera el tesoro,
el potlatch que me provee tus dones.

La pérdida útil de riqueza acumulada
en el erial sin tiempo
donde nuestro gozo como cizaña creció,
tan real entre los sueños reales
pero tan inalcanzable entre las cosas que dijimos.

Carpe noctem

...y sexo, sí: en lo que cada mota de color,
cada explosión, cada
ploteado,
cada nueva ilusión cromática viene a traernos
de sus
pegoteos de espuma.

Niños y niñas en un amargo torcer
lo que se mira (dulcemente arqueado
en lo que siente):

"Queríamos que esos niños pintados
nos hablasen,
que esos grumos de color en relieve simularan
joyas y juguetes de una alegría perdida..."

carpe noctem

Carpe noctem

Límite de lo útil también como materia;
un continuo anhelo de amor
dicho y contenido no visible:

en cada ínfimo *no* su goce replegado.
en cada ínfimo *sí* su punta de sosiego.

y...huellas de un parvo decir cada día. En la tela,
en la lluvia, en la Historia.

¿de la grandeza de cuánta felicidad
se precipita nuestra búsqueda?
De un tiempo que sólo parece medir
el canto del grillo.

Carpe noctem

...naturaleza efímera
cuando intentamos conocernos,
cuando creemos besarnos para que se borre
el contorno de los estólidos cuerpos.

Hijos de nadie besando perdidos
el venero del suspenso en una piel ignota
que por instantes veneramos.

Infinito y real inmerso en lo continuo,

en el reflejo de los vestidos invisibles que hablan,
los tules que parecen ofrecer gestos lentísimos
y el sombrero inclinado
de un hombre sin identidad;

piedras acaso, pedruscos
en el inventario del espejo.

Carpe noctem

Pusiste música:
arias de un señor llamado Erik Satie
no escritas nunca pero
memorizadas de pronto: **la infancia.**

Y aplastados por la muela del Amor;
pues ¿qué sería si vos fueras sólo una criatura
y no el túmulo que de noche esconde
secretas penas en secretas canciones?

Carpe noctem

los **niños**. Los hijos. Y lo que es peor: lo que ellos
nos hacen "creer" cuando nos acercamos,

el hilo de su dolor,
el discernimiento —niños; sí, niños
aunque parezca mentira.

esa repetición
esa inclemencia

Carpe noctem

"Espacio" donde alguien recuenta
cada "gasto",
apenas con hilos y planos y voces
discontinuas
que vuelven de otra velocidad
pero son aquí, ayer de nuevo
ahora.

para la sensatez involuntaria
del brío del asombro.

Alegría de cualquier **noche simple** y su más
como puntillo de los músicos.

Carpe noctem

[Cuando queremos impugnar su fatuidad —su belleza,
su inflorescencia barroca,
su verdad multiplicada.]

Piedad de la locura y de su horma de promesa
cada noche.

Sin embargo,
en ella murmuro como avanzando sobre la vía breve.
Entre sístole y diástole.
Como debió ser dicha la perfecta plegaria.

Carpe noctem

Carpe noctem
entre espacio y tiempo,
entre certidumbre y certeza.

Los que vislumbró como huéspedes
ahora marchan insomnes mirándonos
a través de membranas quejumbrosas,
de epitelios de pastas,
de pasteles, barnices, óleos,

devueltos a otro color
a otra luz que los desmiente,
que los vuelve hechiceros
de esta tribu instantánea.

Carpe noctem

...sueño con Ninfa y faunos. El eco
de un búho que chista en la punta del pararrayos atrae,
como su percha misma, la oscuridad de un rayo...
Su estilo es un llamado absoluto: prepara
con la elocuencia brevísima del "shhhhhh..."
un negro intenso, al óleo, como nubes superpuestas;
una técnica detallada por mi confusión.
Vagan rijosos los que miro, cuando apenas los miro,
si no, parecen volar, dormir, fluir, enredarse en las cosas
como babas del diablo.
En las ligeras distancias del sueño, creo oír una cigarra
que canta como un grillo y no dice **cri-cri** sino: "...no será
ir a buscarte sino anhelar ser buscado". Otra vez.
Ya lo escuché en algún otro sueño.
En alguna otra noche.

La luna está posada como un plato volador en un círculo,
quemando el cereal sembrado. Se mueven como hormigas
mis muertos y charlan sin que yo los escuche o los vea.
Atisbo una Ninfa robusta que parece chiquita. Recita:
"...la mies encrespó las espigas y sube la lechita

a cada trigo..." Seduce a los faunitos con palabras sueltas,
frases como suspiros cortados;

y va marcando, discreta, entre besos romos,
surcos para el disco del ocio y
del secreto: **carpe noctem**.

Carpe noctem

¿Y ahora qué hace Ella?

un jadeo,
que vuelve. Y él
casi desnudo. Restalla su slip flúor y discute
dormido. Ella pide que nos bañemos
todos juntos en la laguna.
Todos en el mismo sueño posible.
Dibuja con *frottages* su morbo en cada Cucaña.
Fuentes y fuertes de la Juventud y entonces
van entrando en el cuadrito ejemplar los viejos arrugados
por el lado derecho de la Laguna Bonfiglio. Salen
lisitos e inmaculados, como Niños tras el Baño Nocturno,
a un fragante bosquecito de eucaliptos y pinos en
la orilla opuesta.

Y el Fauno que asaltaría los "tesoros que laten",
se vuelve apenas un rostro de metal que tintinea en la brisa,

entre las ramas del verano.

Carpe noctem

Lee en un e-mail: "Todo el verano es carpe noctem."

Un sátiro borracho simula en su bostezo
el presentimiento sexuado. Se hincha de color
rebosando todo borde.

Y la risa que arde en la oscuridad todavía,
nada cambia ni aclara: cogerán, lo saben,
pero en el ritmo, una piedrita, como en el torrente
se proyecta, discreta, toda la acción y
la voz que la consiente: "...sí, sí, andar montados
en la respiración de un dios gordo y acuático,
desconocido todavía..."

Carpe noctem

Inútil elocuencia de lo anhelado cuando en la memoria
vio y amó —ve y ama
pero tan borrosamente.

¿qué se multiplica en la tenuidad?

Fotos que rompió. ¿No eran luz? ¿No eran tan sólo
cuerpos en la luz?

¿Y a través de esas miradas en llamas
sus ojos no pasaban acaso
todos los umbrales del tedio?

(parece que buscamos lo Imposible
para retener ese pasaje):

no la foto,
no el cuadro, no;
ni el disfraz,
ni el cuerpo que
no te cansarías de mirar;

pero para volverlo adentro tuyo
algo "por animar" en otro templo
casi enriquecido de olvido,
en otra historia en cadenas en apariencia mudas
de ADN,

carpe noctem

Carpe noctem

Llueve y ella dice:
"...hería,
sigue hiriendo".

amado
en la amante transformado.
Y el amante "vacío",
ahora los mira, solo.

¿Cuántas incomodidades?
¿Cuántas posiciones
que parecían ensayadas?
¿Cuántas escolleras de anhelo
en la apariencia infranqueable?

Cuánta serenidad dio el fauno
por saber hablar con los mosquitos.

Y la Ninfa del libro obesa como parecía,
voló levemente sobre las flores de las cosas;
sobre un hombre empapado y
con olor a tierra húmeda se quedó dormida.

Carpe noctem

...pequeñas noches como ataques
de pánico en el atardecer.
En ejes distintos, múltiples,
en la novedad del viento en grumos
que todo lija y borronea.

Los loros y loras en el nido enmarañado
sin buscar, sin cantar —gritando sueñan
con las fragantes agujas del pino.

Con estridencias solamente resuelven
el menudeo.

Y el viento estriado vuelve a insultarlos
desde persianas acústicas celestes.

Carpe noctem

La luna entre los escombros,
los juguetes insomnes.

Tu mirada en esas líneas oscuras
pertenece sin duda a otro destino,
a otro mundo. Acaso a la más pura sensación
de campo.

Mira las luciérnagas y dice:
"...dejá que escuche
tu corazón."

Carpe noctem

Robando besos y volviéndose más grave
mientras ella dice: "No insistas, ya aclara."

Se viste. Murmura él también
como Narciso-Eco: "No insistas, ya aclara."

Única y feliz la mañana esta mañana.

...el rápido amor y los cambios humorosos
en polvillos cernidos por los gestos
en la cara.

Un vuelo súbito de acentos
que en una enjambrazón de frases
sepultarán más máscaras tenues,
más besos: "**No insistas más, ya aclara.**"

Carpe noctem

Catástrofe del grillo,
no vuelve a su unicidad, y en su ausencia
repetimos la hueca gama de los días.

La áspera lejanía de esta noche
pone su mejilla en mí
como quien nos tomaba la fiebre.

Pero el fauno se decide. Su deseo
parece la realidad. Forja a tientas
el carácter de las imágenes;
incluso la grosería de sus filamentos.

Todo lo que juntos disipamos
en la locura del sexo: flores que encapsulan
la inquietud de las cosas, que liberan
un polvillo

o polen de las sensaciones,
tienen alegorías que les corresponden,
como toda mordedura impresentable.

Entre los pájaros que curiosos cantan
el fauno siente que se cura, que se agrava,
que los trinos predicen su escuela corajuda.

Un gran búho es el ventalle de la noche;
chista en la confusión de la luz sombría
como diciéndole: "no lo podemos decir,
hagamos silencio;
no deberías insistir, somos pájaros,
te oímos, te sentimos
en cada compromiso olvidado,
en cada involuntaria visión..."

Carpe noctem de Hudson

"Los pajaritos se vuelven más audaces
y me quieren curar en la tenuidad.
Llegan en multitudes,
me escudriñan curiosamente desde cada rama,
cantan y gorjean;

con explosiones de risas alegres y burlonas
me circundan; pero huyo despavorido,
soy un búho,
me oculto en la oquedad, en lo más
oscuro de la maleza.
Allí, cubierto a reparo por una cortina gris verdosa,
me echo sobre el mullido suelo de arena,
permanezco silencioso e inmóvil como mi vecina
—una pequeña araña
posada en su tela geométrica—
hasta que la luz que mengua y
la flauta de la martineta
me urgen a regresar,
la cena está lista."

Carpe noctem de Anna

"...usté me hace reír,
usté es un poco incrédulo, ¿verdá?" —dijo Anna—.
Y sonrió: "Créame, de noche usté escuchará mejor al
ruiseñor que canta para despertar el sol..."
Y puso muy cerca de la mermelada del desayuno
cuya etiqueta decía: *Confitura de Afrodita de pétalos de
    rosas,*
una caja con señuelos o silbatos para atraer a los
pájaros. En letras goldoni se leía: OISEAUX.
La caja estaba dividida en seis compartimientos en cuyo
fondo unas etiquetas amarillas exhibían el dibujo a tinta del
pájaro y su nombre. Por ejemplo: Rossignol philomele
(*Luscinia megarhynchos*) y abajo encolumnados los nombres

Nightingale
Nachtigall
Nachtegaal
Rusignolo
Ruiseñor común

En la tapa se repetían las indicaciones sobre cada pájaro con más detalles. Para el ruiseñor decía: "pequeño pájaro furtivo". Y
afirmaba: "Difícil de imitar por la potencia de su canto. Para construir el silbato hemos pensado en madera y metal como elementos necesarios. Y es frotando uno contra otro como nos sorprende un sonido que se transforma en ruiseñor. Mantenga la parte metálica en la mano izquierda y gire suavemente la parte de madera como ejerciendo una leve presión variable."

...ella acercaba a mí los juguetes que sanan,
las trampas de un umbral donde sólo llamarlos y escucharlos podría ordenar el movimiento de mi espíritu. Y el movimiento
de mi honestidad frente a una naturaleza que no me exime de sus cuidados: calman y colman de tristeza la flauta de la martineta, el címbalo de las bandurrias, el grito desesperado de las lechucitas de las vizcacheras... Pero estremece con los gruñidos de cerdo el colibrí en la lluvia y es la alegría en la mañana la *troglodytes aedon*, que en Argentina llamamos "ratona".

—Dígame, ruiseñores no hay en Pringles, ¿no?—. Y enseguida exclamó: "El pato Colvert y la lechucita Cheveche son los que más me gustan."

Carpe noctem

Pero el otro ignoto amigo
anotaba "lágrimas"
con sonido a música de cielo.
Y hacia el alba pedía
no más ruido, no más noche
sino "moción de lágrimas".

Y el conteo nos parece ridículo;

y el misterio incontrolable era el agua
en una lengua salada.

Carpe noctem

En un lejano pueblito veraniego
sin comisario ni cura ni alcalde...

¿Qué cosa y cosa es la noche
con san Ignacio de Loyola?
¿Qué cosa y cosa es con
san Juan? ¿Tejemos con ellos
mimbre?

¿Qué cosa y cosa es
tu lírico corazón? Nosotros soñábamos.

...no envejecieron. No envejecieron
de misterio incontrolable.

El misterio incontrolable
brillaba, hería sobre el adoquín
del alba.

Carpe noctem

Y en la secreta escala, disfrazada, iba
la Esposa. Y buscaba al Amado disfrazado de Elefante.
Que no hallaba.
Por la secreta escala y en celada.
Tal vez no era Ella, sino de caracola que asciende,
las babas,
la piedra con el hilo de plata
abrillantada: la memoria que rota
vagabunda sobre "el alma".

Carpe noctem

Que yo dijera como los ancestros:
¡no sé qué es la noche! ¿qué fin
tendrá esta noche? ¿Próspero
o adverso?

—¿Qué importaba?

Ellos lo dijeron como quien aprende
en el habla la prehistoria de lo visible.
Envueltos en una niebla que no conocimos.
Despiertos sobre un rocío
que los exhibía anónimos en
sus lágrimas convexas,

en lo efímero que recién ahora arde.

Carpe noctem

Soldado y roto en la apariencia
y creído de que en las palabras
el poema iría a visitarte,
como esas niñas disfrazadas
en la vereda de la noche, ahora,
golpeando a tu puerta...
Como esa luz de llanto que parece
el nacimiento propio: la sombra
con el rojo que inunda la ceguera
de los frutos.

Casi alegría.
Casi temor.

Carpe noctem

Siento que esta noche es mía.
Y no es de nadie.

Así como está la luna,
borrada más o menos por las nubes.
Así como escucho el agua,
discontinua, mínima,
imperfecta en lo que llamo
"sentido" y es "secreto". Silencio
y es belleza desechada.
Así como ahora entrego algo de mí,
en lo que desconozco olvidado.

Carpe noctem

Una voz contenida en un pote de grasa
perfuma otra voz, otras voces, graves o roncas:
variedad de la antigua magnolia y de la granada anaranjada.
Eso que se llamó "enfleurement" —dice Ella— es el origen
del perfume.
Y aunque todo sea átomos y vacío,
el perfume de la voz reacciona ante el sabor de las vocales.
Aquella niña tiene voz de margarita, y aquella que ascendía
al costado de la tumba de los Porcellets, en los Allyscamps,
por el sendero de hiedras que pintó Matisse...

Y la de voz pausada y lisa, ligeramente oscura: Nico,
su grito al caer del árbol de las pesadillas tiene olor
a manzanas.

Carpe noctem de Michel

Sin detenernos hablamos de unas monedas.
Sin boca, sin voz: "estas no las vio nunca César".
Y comenta los detalles: (...)
Fíjate esos niños que corren, digo yo estúpidamente.
Estúpidamente comento lo innecesario. ¿Qué sé yo
de monedas? Es el signo del emperador...
Están con ellas. Siempre.
Las encontramos de noche.
Esta parece el cielo. Parece la Vía Láctea. El chorrito de Juno.
Son las últimas monedas.
Las palabras no suenan.
Es Anna que habla detrás de la música.
Pero al final comprendemos la vía. La vía del padre.
Como si dijera: comprendo estas monedas.
Comprendo a mi padre.
Voy hacia él como la tierra, sin detenerme.
Me reúno con él cada noche: cara y cruz.
No han envejecido sus gráfilas,
por el contrario, brillan más.
¿Quién pudo rozarlas, contemplarlas? ¿Quién
se las llevó a la boca para sentir con la lengua
los relieves?

Carpe noctem

"Pienso demasiado en mí —dice—,
que es el "yo" que me relega.
...no pienso en mis sentimientos
que se interrumpen con la picadura instantánea
de las sensaciones."

En medio de un círculo de naturaleza,
en el concierto de pájaros cuyo nombre se olvida.
Pero huérfano de lo que imaginamos
como un *centro*.

Un *centro* es nuestra vida en la noche.

Carpe noctem

Un centro durante la siesta.
Un cuaderno negro que nos mete
en el embudo de los colores,

y a volar en el dolor como "panaderos".

Cada vez más leves y diáfanos en su entrada
a los rincones de la galería,
girando sobre el embaldosado.
Cada vez más impetuosos hasta que invaden
la pieza donde los niños juegan prendidos
de los bucles de Rasta del instante.

Un centro aceptado a la fuerza
se llamaría **futuro tangente**...

Carpe noctem

Y esos que gritan jugando parecen decir:
"soy tuyo. Soy vos. Soy
ese viento que no cesa de mover las ramas
hasta que decimos: amanece."

Los gorriones con su bullicio se
ocupan de la casa, de su vacío que resuena
en nuestro sueño final: "Soy tuyo para arrastrarte
a mi deseo. Para ver cómo pasamos
el límite de lo inútil: ...potlatch, potlatch de
la certeza de estar vivo cuando ellos cantan
la diferencia entre desesperación y aislamiento".

"Carpere"

Prometo quitar las comillas para que advenga
la pertenencia de lo escrito.
Prometo serles fiel, a vos y a quien no paro
de recordar inútilmente.
Prometo este verano no comer las uvas sino
mirarlas constantemente
como la zorra de la fábula.

—¿Y eso qué quiere decir?
—¡El carpe noctem del verano!

Carpe noctem

Cercano a la caducidad.
Al leño reseco de un altar olvidado.
Al secreto que quiere abolir
la intimidad en lo más viviente.

Y lo más joven, que hería,
es lo que vibra ahora con la especie alegría
cuando avanzás;
la verdadera juventud
entre los verdaderos árboles.

Carpe noctem

Vienen a desear conmigo ahora.
Concierto de pájaros a mi alrededor construido
como una opereta fractal de Olivier Messiaen.
Con pájaros en laminillas de sentido milagroso —si
existiera. Fuera de la dureza de la noche,
fuera de la fijeza sonora de la oscuridad
parece el día tan amable
que conoce mi manera de desconocer su lumbre.

No sé qué es la noche. Lo supe alguna vez tal vez.

Lo supe la primera vez,
cuando el cielo estrellado se movía tan lento
como una barca gris que desconoce la orilla;

lo supe cuando el mismo cielo parecía bostezar
como un gato.

Lo supe cuando vi la luna en un final de agosto
lleno de llantos de mujeres y tristeza que parecía ajena
y que no comprendí.
Un ogro mordía el halo
con su sonrisa desdentada; se abría en el firmamento
un juguete que yo quería tocar y besar y morder.

Se oía un ritornelo como un aire que no puede
soplarse —la forma como huelen madréporas
los peces-payaso. La forma en que el delfín
lleva un ramo de flores a su amiguita anfibia...

Carpe noctem

En un avance mentiroso del sentido —todo—
la noche oscura del alma agudiza su estilo en el estío.
Alcanza completa una cercanía que parece la voz
de "talle único". Todos la podemos completar
con un murmullo virtuoso pronunciado entre sueños.
Todos podemos emitir la pieza nueva del rompecabezas
verdadero.

Todos podemos consentir como noche la indiferencia
de nuestro destino.

Carpe noctem

No sé qué es la noche,
pero todo lo que gané soñando quiere girar todavía
en la rueda cuadrada de la diosa Fortuna.
Parecen los frutos de oro y al unísono tropismos
de un verano indistinto y cruel, pero verano.
No sé qué es el verano pero guarda en su dulzura
"cosas" —en su carozo la miel negra parecida a
la tinta, el fondo de la raya donde una máscara
arenosa se mueve o tirita...

"caos"

¿Y si debajo de la máscara o raya no hubiera sino
las obstinadas preguntas remotas?:

¿Como será la noche?
¿Qué fin tendrá esta noche?
¿Próspero o adverso?

Carpe noctem

Nada que no sepamos.
Nada y no decir nada y esperar.

que la noche bostece adentro mío.
Que sus flores encapsulen
el verano —éste lleno de penas, afanes,
tristeza innecesaria como goce escalonado
con voces y cantantes que en la cima del canto
prometen la acción,
la maravilla leve de impudor y de rima,
de no poder nombrar tanto los nombres.
De no poder instilar en las orejas un teatro.

Carpe noctem

Probablemente un sitio escondido,
la música. Y no poder conocer el lugar de la patria.
Donde los muertos tienen hambre.
Donde los recuerdos de nosotros mismos hace instantes
nos incluyeron y borraron. Fueron honestos cortes
de un verso cautivo. La memoria. El hastío que rotura
la tierra donde vivimos. Y olvidando podemos aceptar
cada palabra nueva y acaso hacer abdicar
a la que se creía soberana...

carpe noctem

Carpe noctem

No sabía deletrear el canto del gallo.

Una primera vez parecía noche.
La segunda, espuma de la laguna.
La tercera una piedra que cayera
de un árbol.
Y el amanecer entre cantos
de pájaros indiscretos, de corchos
frotados contra botellas oscuras.

Carpe noctem

El último momento de la noche
se alejó, no lo vimos;
no lo conocimos todavía.
Sin ser notado se sintió invisible.

Pero insistió como si fuera humano.

Completamente continente de la obvia oscuridad,
supo sonreír,
intentó cantar: **carpe noctem**.

¿Se puede pedir cosa más disparatada?

II. Día

1. Carpe diem de la pesca

Carpe diem

I

La forma un día de pescar con mi hijo,
allí en el agua donde se unen el ojo
y el pez soluble de una mirada donde
no somos nada: sólo la gran erudición
de lo inmóvil,

la atención con su caña
oculta. Y una nube sobre la laguna
que alza un carruaje torpe y disímil
en el vértigo horizontal.

El ímpetu de pescar
como despliegue de tanzas, cañas,
rotores, hilillos coloreados,
camuflarios,

señuelos, moscas, mosquitas, hélices de arce,
y las oscuras plomadas,

el grave olvido instantáneo como anzuelo.

Y hablar ante un espejo de agua
(con Dios, con dioses, con cándidos pelitos que vuelan
protegiendo una semilla, y de golpe, se pegan
en el brillo del aquenio de los frutos del cardo)
reflejados pero todavía ingrávidos,

ubicuos

en el juego lacustre: "¿picó, pá?"

Y hablar de lo natural,
cuando lo artificial con mis palabras

en vos cambia, en ti, oh hijo ahora que aún no sellamos
la rústica brecha entre naturaleza y
cultura.

...es azul claro ahora
en mí con otro sexo aún cambia
la cara de la luna.

Hablo para ofrecerle a tus palabras
este amanecer donde pescar es todavía
el campo inexplicable para un pensamiento
que se enfrenta al desmentido sueño.

¿No es tu lugar... allí
otra laguna? Donde somos la leve condición
de un secreto:

"¿peces,
tropismos?"

El gozo de ese silencio
mientras las boyas suspenden
el eco de los mundos.

Y también el ruido donde aceptamos oír
los coros sofisticados de los juncos.
Un azul con nubes transparentes
y chatarra de frases.

Contiene tu respiración y
las avecitas más ligeras.
El ímpetu silencioso de pescar con hilos,
y sólo hilos de otra fuerza.

La fuerza de la frangente noche se ofrece
en un "carácter" de lo mínimo.

¿Te acordás?: "cuando la forma es perfecta,
se satisfacen demasiado plenamente
nuestros sentidos imperfectos".

Lo mental descuida su función
más profunda: "¿llevás

la caja azul,
la carnada, el reel más grande, el nuevo,
las plomadas chiquitas?"

II

Pero ahora la mañana brilla
en el camino de la plegaria muda.
La imantación rosada del despertar
es cada pájaro borrado en el trino.

El bostezo mío, y el tuyo,
hijos.

El humo del primer grito ignoto
en la estentórea soledad.

Carpe diem

La caña, el círculo,
el agua quieta y apenas
el hundimiento fluorescente, los
concéntricos plegamientos
de un agua que roe en nuestro corazón
el gesto de la memoria.

...la pesca, el hilo,
la infancia de los otros

El poeta que se repite y litiga con su incierto lector
cada vez

y cada vez la espera distinta y cruenta
que se cambia el antifaz, la telescópica mirada
arrojando señuelos y trampas ínfimas,
delicadas como
papel picado.

Carnadas y átomos pequeños
de picardía: ¡a no pensar! La inocencia fingida
en bancos de corales de azúcar
bajo la plumilla de la lengua.

Arrojada
bajo la hoja espejeante
bajo nuestra propia finta

o sueño o sexo o risa sofocada
y energía que soltamos para acuatizar
en los mapas de un alma parecida
a la espuma.

Simulada invitación por el río, el arroyo,
la laguna,

debajo de la tensión de una dicha
superficial y
momentánea e invertida en lo que es.

Más allá de lo que se sostiene con ganchitos
"reflejado"

Pero es en nosotros donde comienza
a desplegar su leve esterilla:

Espera,
que desde los ojos provenga
el primer indicio.
Imago,

onda que expande el deseo
de apresar y retener
ese mundo sumergido, callado.
Ese universo de cuerpos encallados
como en el cuadro
la voluptuosa sirenita.

Para pesar el movimiento
de un alma que sentimos al respirar,
y a partir de él, más ágil
la locura de los colores;

¿instantes?

duelo de cosas apenas entrevistas
en la pura y sorda reflexión: ¿acaso no
me mirabas como si yo fuera sólo letras,
avecillas oscuras a través
de la bruma?

¿Y acaso no te sentía yo
como país de seda donde ardía
el dolor de una risa lejana
en un velado y colosal paladar?

Carpe diem

iris,
sitio, agua miniaturizada
que pasa,
que pasa todos los cedazos,
todas las palabras,
todos los momentos débiles en que ellas cantan
como corazón del olvido,

co-coro de la fijeza y del errar

en este mundo
en el blanco cautivo para poder pulverizar
cada puntillo
cada ranita

cada música culpable
cada amor en su carcaj de flechas

y a medio hablar
un habla anhelada y perdida
al volatilizar cada escena:

y al héroe
y al futuro
les pide un
carpe diem

Carpe diem

...de haber enceguecido.
Buscado la mañana.

y suspendido en el sentido trágico
el impudor del sentido,
de no conocerlo. "Aquí te tengo".

Aquí cambio dormido
mis manos por tus manos.

Memoria del verdadero amor
si lo hay.
Memoria de la mentira infinita del
infinito misterio
si lo hay.

Y ese sabor oscuro sin gustar.
"eso" tenemos.
"eso" sostenemos con tus ojos en los míos.

Y eso con tus pies bajo los pies
en leves cráteres que llamamos "huellas",

huellas-infinito.

huellas de mirar el campo
sin mirar

la Naturaleza.

Carpe diem

sólo el misterio busca compañía.
Busca... su alianza cruel con la ignorancia real

de las cosas que por únicas
repite el **carpe diem** del deseo,

¿yo hablé?
¿yo soñé?

algo que no quiere adherirse
ni al secreto de sí mismo,
ni a la comparación que se rehúsa
a cada forma todavía.

Cree que el bigote del gato egipcio
es de alcanfor;
sabe del equilibrio menos
que su distante armonía. Era un niño verdadero
cuando yo balbucía y eras vos un hombre
más pequeño todavía aún,

tu voz más disonante, más fiel al secreto de los mundos,

y el ideograma de la alegría en las formas
se ofrecía a su indistinción.

Pero líbrame de las injurias fáciles,
de los fáciles fantasmas que confunden todavía
mi inocencia con mi frivolidad,
mi sexo
con un modo del impudor.

...descontento con mi apuesta a volver
al murmullo de las ranas, a querer oír otra vez
el impulso de las ranas en su mensaje de reclamo

siempre al sexo,
a la insinuación —a la perpetuación y sólo
en eso
sordas.

Y que me libere de los que descreen
de mi creencia en ese grillo,
en esas cigarras y ranas en este bazar
de bestezuelas de vidrio soplado,
abierto no sobre el lenguaje sino
sobre el vestigio de mí en las cosas
cada vez.

Carpe diem

¿qué habla secreta
se aparta de la técnica verdad?

¿qué algazara estúpida mueve la sombra
de un hombre mentiroso y
de un padre burlón
llamados "niños"?

Atentas mentiras de la luz
como las motas de color en un cuadro de Seurat
(incluso en las carbonillas, el granulado negro,
que ocupa el justo lugar de la hermosura).

¿Qué negaría?
¿Por cuál forma simularía olvido?

Cada palabra "natural"
está a su falsa disposición;
pero algo va "familiarmente" cada día
cambiando su modo de escribir.

2. Carpe diem del arco iris

El arco iris: caso único de una escala natural de colores puros que no sea plenamente de este mundo y aparezca al nivel de la atmósfera. Perteneciendo al dominio intermedio entre la tierra y el universo, este fenómeno alcanza cierto grado de perfección, pero no el grado último, ya que sólo parcialmente pertenece al "más allá".
Pero también nuestro poder creador se encuentra, por sobre la imperfección del fenómeno, en condiciones de obtener, por lo menos, una síntesis del ser. Hay que suponer que lo que sólo nos llega como una apariencia defectuosa existe en alguna parte en la plenitud de su ser. Nuestro instinto de artista va a ayudarnos a concebir claramente este ser.
¿En qué consiste la insuficiencia del arco iris?

Paul Klee, *Teoría de los colores.*

Carpe diem

Ese bien que en las palabras
era su deseo, su ausencia.

No dejarlo escapar.

Entreabrir para mí y para ti
lo que en la palabra reclama
el ungüento del beso

y nada;

bastón, locura,
ruido de cascabeles

y el abrazo para conocer el agua rápida
donde se borra el recuerdo.

Carpe diem

Algo precipita un color dividido,

y mientras la angustia como máscara hace luz,
grave y ligero a la vez
el sentido reverbera.

a Ella la veo más allá de la infancia.
Más allá del miedo.

Y a vos en esos cuadros,
en esas postales,
en esos "quiero-decirte-algo".

El día le infunde desdén
al mascarón de la presencia sin tiempo.

Pero instantes ahora son miles y miles
bellísimos como estambres;
no sé cuántas veces cada uno puntual en una cima
de secreto,

pero aislado
y en esa diáfana razón.

Vive el día. ¡Atrápalo!
Mínimamente consiente
al soñado como venidero.

Carpe diem

Pero tu ausencia —insoportable gravedad
es el umbral de lo efímero,

trampa donde lo cierto y lo incierto,
lo deseado y rehusado pactan;

precipitan este color dividido en la apariencia,

deseoso.
Inmoral, perenne, cristalizado,
pétreo.

Y mientras la angustia como máscara hace luz,
grave y ligero a la vez
el sentido reverbera.

Carpe diem

Primero el niñito que en un cuadro de Seurat
sentado en la orilla del río,
su sombrero,

la pequeña herida cerca
del corazón. Y un pie
más corto que otro.

...y la mano invisible que con un dedo
acaricia la leve huella de luz
en relieve amarillo.

Después el ángel de las epifanías
y conocer, por el instante,
la risa,
la alegría, el esplendor,
lo nuevo.

Y en su epilepsia dormir como una ardilla
que sueña todavía con la tibieza del fuego.

En todo discontinuidad;
en todo, pliegue, beso y labio y borde
de lo infrecuente.
Inciertas fotos.

Y hasta la del gramático viejo: Tunkano,

sin que en la realidad "encontrarse" y el verano,
tengan como gerundio la forma adverbial
"casualmente". En tenuidad.
En deseo que parece
llegar a un destino: *carpe diem.*

Carpe diem

¿te arrojaste desde el avión
en un paracaídas leve y desde allí
soñaste y exigiste
que el viento no te llevara
a patrias que no coincidieran
con el sentido de la palabra patria?

te arrojaste desde el avión
en un paracaídas leve y desde allí
soñaste y exigiste
que el viento no te llevara
a patrias que no coincidieran
con el sentido de la palabra patria.

¿pisaste un campo minado?

¿atravesaste pantanos?

¿Hiciste salto de rana?

¿te arrastraste entre piedras
bajo un viento tan veloz que las pulía
y desollaba tu cara hasta sangrarte?

Carpe diem

¿te durmieron y arrojaron dormido,
en un paracaídas más grave que tus pesadillas,
hasta el légamo de un río que no llamabas patria
pero su sentido en tu inmovilidad
todavía la reclama, la señala, grita
con memoria de agua quieta
y la confirma?

no vivas el día, explora
su memoria

Porque el pícaro poeta Horacio dice lo que los poetas
quisiéramos repetir pero tenemos miedo:

"...la parte más noble de nuestro ser
triunfará de la Parca..."

Carpe diem

¿cómo decir "vive el día..."? ¿Cómo:
"piensa vagamente en el venidero"?

¿Cómo tu obligación parece tu destino
en un frágil país que zozobra?
Tu obligación en un horizonte
de ruinas humanas,

burla del amor y el sentimiento.

Tu obligación es entrar en el dolor
con los ojos abiertos.

Carpe diem

Una hilera de diminutos pasos tras el héroe,
y dado que el héroe no memoriza ese espacio,
el tiempo sólo puede aquilatar su presente.

¿Qué nos asombra? La historia roe
el archivo de las historias.
Llegamos y alguien nos conoce.

Llegamos y alguien abre súbitamente en la luz
la sombrilla de nuestro desamparo.

Carpe diem

Creí que el sueño nos envolvía,
pero la ausencia de toda certeza
ilumina todavía el paladar del grillo.

Pide seguridad el corazón trivial
en las secretas distancias que llamamos tedio.

Tedio familiar,
razón y antípoda de la Era de los Besos;

tedio atractivo como lejanía de un derrumbe
con ruido de ardilla.

Llamémosle nacimiento
(pero se llama también
aburrimiento). Aborrecer la poesía.

Y a cuanto hablamos por error: palabras justas.
Ignorancia de aquella precisión
que ahora nos une al olvido.

Carpe diem

el arco iris.
Sí.

"Mit dem Regenbogen" —dice la acuarela
de Paul Klee sobre fondo de tiza.
(18,5 x 22 cm firmada arriba,
a la derecha).

(y en tu cabeza la acuarela,
y en el libro la dividida acción
con sus palabras de talla ínfima)

y cualquier sílaba en ellas como arena del mar,
y el libro multiplicaría su aparente volumen:

Más bien castillos de niños.
¡castillos!
Castillos de chocolate de arena
y esculturas de gente enterrada en la arena.

Tus muslos y tus pies se robustecen al escarbar
y hacer los moldes,
al acarrear conchillas para las almenas de las torres
y echar con baldecitos, constantemente,
con torpe cuidado,
el agua como orina espumosa de la orilla.

Para que todo no se desmorone y lo vean aún "ellos"
cuando bajen a la playa.

Pero tus bracitos crecen, se hinchan.
El sol descama tu fuerza.
El padre ya no es el hijo —aunque su vacío
prepara otros infinitos castillos, inaparentes
sucesivos enterramientos.

"Ahora me toca a mí" —dijiste.
"Soy el hijo, el más activo. Entierro al padre al lado de un castillo".

Carpe diem

Miro el arco iris: el único espectáculo teatral
al que le falta sonido. A veces
nuestras inútiles ideas ¿no reclaman
lo mismo?

Estoy solo en medio de un sueño.

No puedo decir nada.
No puedo escribir nada.

¿no soy parte del arco iris?

¿La convicción, la entera certidumbre
que pregunta tenuemente y muerde
nuestra curiosidad,
nuestros inventados colores?

Pregunto por pura curiosidad.
Pregunto por pura evidencia.

carpe diem,

es más obvio. Se trata
del arco ciego otra vez, fragmentario,
borroso,
en un cielo de plomo, fresco
y cambiante.

¡Qué lejos de eso estamos!

Carpe diem

No obstante, también turista. Tiene el **sindrome
del viejo Stendhal**: "... tuvo mareos
a la salida de una iglesia, en Roma
o en Florencia
no sé..."
Ayer... un joveneto vomitó ante la belleza del David
de Donatello.
Una muchacha alemana quiso ser de un Tiziano
en los Ufizzi.
Un saludable irlandés
tuvo epilepsia bajo el cono de luz
de un Caravaggio.
Pero el americano pelirrojo de 17 años
se desnudó perdido frente a un Canova.

"Vértigos, pérdida de la identidad y
del sentido de la orientación,
temblores fríos, depresión,
ansiedad, paranoia" —informa la Agencia *EFE*,
en un diario de aquí.

El arte.
¿Lee el diario? En Siena, una muchacha
se arroja del Campanario. Salen unos muchachos
con fiebre de una exposición de esculturas pintadas
(*Anunciaciones* con Gabrieles y Vírgenes
de Jacopo della Quercia).

trampas. Traiciones. Paraíso en laberinto;
pensamientos intensos, hiperbólicos,
conexión de emociones e instantáneas creencias;
un tiempo de la pintura menos cuantitativo
en su sucesión,
más mitológico en la risa verdadera
de su deseo y de sus caracteres.

Pérdidas,
extravíos en la relación de amistad
de las imágenes y el cuerpo y el deseo

Carpe diem que Horacio festejaría y yo con él
en la resistencia indiferente de las formas.

Aunque la belleza está en el acontecimiento,
la tremenda y leprosa Armonía nos llama.

Ella también agita su campanilla.
Ella también es nuestra obscena repetición.

Carpe diem

Y después otra vez allá, entre sus dinosaurios
el vapor del secreto, las franjas con sabores, el arco
y otra vez el derroche coherente
de algo que también pudo llamarse
"el potlatch de lo pueril".

El esplendor más allá del recuerdo,
más allá de la curiosa reminiscencia
donde entraría el amor con la luz: ...con sospechosos deseos de
más allá del más allá;

los niños

Su sabiduría en besos,
instantáneos en besos. Y la sensación
de que vamos a través de una caricia común,
ignorada de sí misma.

Carpe diem

Volvió el poeta al pueblito;

su furtiva vanidad fue oída como gallo a las cinco
en la noche del verano.
Y estaba con Ella, y con sus habituales gestos torpes
quiso apartar los bártulos con libros, las valijas.

Se oía
el tin tin de un manojo de llaves.

Una vaca mugía en la quesería Rosetti, lejos,
muy lejos.

Unos pies de invisibles niños, un húmedo relieve
de arenero movido por las nubes

en la oscuridad,
la memoria.

Y abrieron por fin la puerta negra
y entraron; y se encendió una lucecita
en lo del vecino Traversini. Oh,

...no buscamos sino riéndonos y
en súbitos sobresaltos perdidos,
la crueldad de un intermitente amor,
las sensaciones.

Carpe diem

Y en medio de esa luz irisada

que todos conocemos,

que con variados y eficaces señuelos
nos deja oír el susurro de la nieve entre abejas
bajo el ciruelo florecido.

Y en la fragancia el centelleo de los colores.
El vértigo de una sonrisa fugitiva.

Carpe diem

Y alguien con un tractor de juguete
ara la sombra en la luz y elige y es elegido
por un sexo que no reconoce.

El ángel de la sumisión duradera del instante;

el ángel de la sed antes de que comience
el día.

La primera sílaba de la mañana,
que vuelve a delatar
el excesivo ímpetu de su inocencia;

la verdad de una especie de "voluntad de nacer"
cada día.

¿y qué se lleva éste?

Ofensivo secreto lo hunde en la obviedad
de una culpa sin límites.

Carpe diem

Como el secreto tan difícil a la invención
del balbuceo.
Del habla persistente de amor;

y difícil al sexo que nos mantiene momentáneos
en los extremos de un arco iris,
en los bordes de un pavor
como en la dimensión cuya forma
imita el canto:

—**tú aquí; yo allá.**

Carpe diem

En un e-mail Ella dice:

"...íbamos con Beba en ese autito que alquilamos,
esos eléctricos de las canchas de golf,
imagináte,
por la ciudad de Montevideo,
y después
por la costa,
a las risas..."

Y en el mismo e-mail:

"¡Qué hermoso es volver a casa y
escribirte regodeándome
con tu respuesta de mañana! Pero en la certeza
de que allí donde empieza una palabra mía
encontrarás nuestro infinito: toda noche es superflua,
todo día excesivo."

Carpe diem

Chillidos de los gorriones en los árboles.
Llaman la alegría, tientan la alegría.

Van al molinillo del bullicio
de otros veranos nuestros en la luz
contra el eje inocente de cada imagen serena.

Chillan, nos llaman,
nos interpelan sin saberlo y reclaman
...el tiempo. El tiempo —y ellos—
ahora, bajo confusos sones —la mañana.

Y somos en cada gorrión algo de presente,
algo de pasado, algo de un sentido que tal vez
no obtendremos.

Carpe diem de Arles

Pero ahora brilla el sol y riela como la luna
en los espejos de un agua nueva
apenas reflectante.

Debajo de esa sombra la comunidad de las cigarras
legisla mi tentación de acercarme.

La promesa de amor disuelve con tu voz la sonrisa
telefónica aún.

La ronca gravedad de unas sílabas
parece palabras
que no quieren cortarse.

No sé cómo se llama esa sensación ni

sé cómo imaginarla. Su contorno me olvida
y desdibuja.

A mí,
entre rodillas y muslos impetuosos.
En los glúteos abultados.
En ese promontorio del sueño que mordí
al despertarme.

Y del otro lado las Marías de los Mares nuevas,
impares,

la playa, sus mujeres,
la piel que tienen los niños muy pequeños.
El "factor invisible" que protege. Y de eso hablan
las vírgenes madres en topless.

Carpe diem

Estoy en Arles y también fui al mar.

...también vimos el mar
desde un lugar preservado,
único.

Y la gaviota parecía
dedicarnos sus vuelos imprecisos.

Y cantabas dormida.

Y al hablarme escuché:
"¡Es cierto que estoy aquí!"

Carpe diem

Primero el casco.
Encerrar tu cráneo en el más puro deseo.
Subir a la moto.
Aferrarte al viento.

Y con los brazos apretar contra el pecho la espalda
que hasta ayer le sonreía al olvido.

Carpe diem

Sueño una piedra que duerme junto al gato
y el joveneto Lezama —adolescente—
duerme él también al lado del agua.

Sólo en sueños comparto con los muertos
esa vida vencida más locuaz que la "poesía".

Y desnudo tomaba sol en su papada vieja
y en la superficie callosa de la planta de los pies,
cuando perdí mis anteojos en la arena
por avanzar contra la risa de la luz.

adolescente, kurós, abuelito

Pero el ángel de la jiribilla quería tan solo
ver otra vez a ese niño José.
Llevarlo en andas dormido,

sostener sus tobillos como en aquella Cuba,
cuando con asma gemía mirando
el lustre de la espuma fría.

Carpe diem

"...el flash de la tormenta plúmbea ¿qué pasa?
¿Qué sucede? En la eléctrica cara del fauno
el brillo de la nariz;

y en el sueño un juego de billar sobre la arena,
en la orilla,
los mismos ruidos, las mismas bolas,
el mismo azar,
el mismo verde del paño de la mesa,
la tiza azul en la punta húmeda del taco...

Y en los bordes de espuma restallante
el adolescente y el efebo forzudo,
quemados por la voz y el pelo de oro de los cabros
practican "skysurf": una
especie de ejercicio para volar sobre las olas...

Murmuran o ríen discretos;
las alas se las presta un falso Ícaro a su padre tan joven,
mudo

en la bruma de sal,
en la lluvia del goce.

Y en el tam-tam de la luz de truenos
para caer en un pecho, en un abdomen matriz, en otra
tripa de tambor y en su lisura nuestra vida ciega,
que roza y roza
ese instante en que caminábamos y sentimos
la fuerza,
los hilos de las axilas ácidas

y el deseo que pasa solo en lo que sucede:

carpe diem..."

Carpe diem

...y alejados parece que conversan.

El viento se lleva eso que dicen;
pero antes
me lo alcanza a mí que lo esperaba. Y en cambio
a ellos les lleva algo de mi pensamiento,
algo de esta interrogación tenaz,
orgullosa y secreta:

¿Soy yo el verano? ¿Yo ahora
la fuerza de sus risas?
¿El chapoteo que imagino
en la secretísima cámara?

Carpe diem

Dolor ligado a toda la alegría
por nexos,
por aparentes
conexiones.

...el ritmo que la risa trituró en el aire,
la voz lo devuelve farfullando
con amigos hermosos que no están ahora
pero que también se rieron.

Carpe diem

¿Sigo en la orilla?

Y lo que el tracio Esténtor enviaba al aire
con su voz de cincuenta hombres,
en una bocanada de sueños
el dolor lo suprime al oír el címbalo
de tu sonrisa.

Comienza otro molinillo más lento,
más silencioso todavía a roer
y a hacer desaparecer en lo que lucha
las imágenes.

Diversas, apretadas, sin que los contornos
precisen sus límites.
Sin que los colores entreguen
su vibrante hermosura.

Ni siquiera ese color
que alguien llamó: "el color más claro".

Y aún en el movimiento
que esas muchachas desnudas,
con nacaradas conchillas pegadas a sus
turgentes pechos,
mezclan a la espuma y a la risa que traen
de la espuma.

Carpe diem

Pero "soy inocente,
es el arma que me queda."

Sólo voy a tu deseo
como diablillo hacia Egipto
y que no vuelve, atascado en el limo
—animación suspendida.

Y lo que tomo de vos,
es el resplandor de tu palabra. Ajena casi —ajena.
Y lo que tomo de ti, es el dolor, la voz
de la confianza.

No soy padre ni madre ni hijos...
Apenas ese quejido "leal",
de ronco ratón que en la memoria dura.

Carpe diem

Tu silencio imprime en mí,
simples caracteres de un alfabeto nuevo.

una meditación doméstica
una fría demencia por desamparo.

Arduo deseo de amor sin sexo
que no parece de este mundo;

pero mucho más huérfano en la aparjencia,
un colibrí se anuncia con gruñidos vibratorios.
Entre sorbo y sorbo recorre los nectarios
libando zumos y retrocediendo apenas
para ceñir nuestra presencia a la luz.

Para Ella el placer
y para mí,
sólo un instante, la idea apenas
de que no sé morir.

Carpe diem

No olvides este domingo, llueve;
saliste a mirar el patio y encontraste al sapito
(que creías muerto).

Y muy feliz parecía,
asomando de su cueva reciente,
rodeado de unas hiedras... Eligió bien,
bajo la baldosa que custodia el umbral
donde cae un hilo de agua...

No lo olvides, todo brilla, imantado y
oscuro; el mundo es un poco de nuestro arte
en mirar esto,

nuestro dolor en acercar inmediata
una memoria desconocida cada vez en
esto;

los verdes más verdes, más profundos,
las mirábilis más rojas, casi fucsia, casi en el
esplendor magenta

y los jazmines menos blancos y
cabizbajos.

Todo huele, sin embargo;

los frutos de la palmera estallaron
y otra vez, un golpe de granos de oro
embellecen el camino
de la apariencia húmeda,

los saltos del resucitado.

Carpe diem

Ya no es el mundo.
No pretendas saber.

Me operan esta misma tarde.
El médico, Alejo Florín
me dice: "Busqué esta habitación
para que sientas los tilos".

...dolor ligado apenas a la sorpresa del dolor.
Y otra vez sólo por nexos en las apariencias,
por incesantes conexiones.

Y el cuerpo parece querer bailar
en el lugar del vacío.
Pero también parece vacío.

...el silencio se aplica a una cuerda,
a unas fibras de músculos,
a unos resortes e invisibles flexores.

...y otra vez el mundo de las imágenes
que el dolor empobrece y rotura,
tenaz pero efímero atruena
como la lluvia de verano.

Con esa súbita fuerza
ablanda los rebordes de coraje y miedo.

Y una vez más: "lo que Esténtor abría
en veneros del aire con su voz de cincuenta hombres,
en una bocanada de noche
el dolor lo suspende".

Carpe diem

Volvimos.
La decisión de estar otra vez juntos
ella y yo —yo y ella; aquí
como en el haiku de Matsuo Basho:
"el hongo, la hoja de pino":

Una suave adherencia ajena a la felicidad
que cerca de las palabras
resultó dichosa;

un silencio quejumbroso, quizás,

donde un músico preguntara todavía:
"¿cuál hongo? ¿cuál pino?"

Epílogo

La poesía de Arturo Carrera inició su camino hacia la simplicidad en la galería de espejos del neodadaísmo de los años sesenta. Los espejos lo registraban todo, y a ese registro respondió el poeta con un constante estímulo al mundo a recodificarse a su alrededor. Hubo en él, como en todos nosotros por ese entonces, la mágica precipitación de poner el carro delante de los bueyes, o el viento delante de las hojas, pero eso era una forma de la puntualidad. Las ingenierías visionarias de aquel fin de década adolescente envolvieron la publicación de sus primeros libros. Máquinas solteras de crear efectos sin causas, o viceversa, lo transportaban en saltos discontinuos de las "soluciones imaginarias a problemas reales" a las "soluciones reales a problemas imaginarios". Todos los nudos gordianos de la práctica fueron delicadamente abiertos con las tijeras del ensueño.

Ahora bien, todo neodadaísmo, una vez levantada la tapa de los dibujos intrigantes, resulta ser un neoinvencionismo. Uno de los aparatos que funcionaban en el taller de Carrera fue el nictógrafo, con el que Lewis Carroll decía haber registrado sus insomnios de solterón. Ready made o cucharita de plata inconfirmable, en realidad era una caja oblonga de vidrio con una regla corrediza de grafito en uno de los lados. De esas manipulaciones salieron libros de papel negro impresos con tinta blanca: el grado cero de la escritura en clave. Poco después, anticipando la velocidad, viraron al negro sobre blanco, como fotografías que se revelaran, y lo que revelaron fue la misma poesía de anotaciones-mutaciones que había aprendido de su maestro Michaux. Una poesía de preguntas y respuestas, pero unas y otras en distintas orillas del torrente de la experiencia, nunca enfrentadas, con puentes caprichosos que sólo sirven para la pesca, o las zambullidas, no para pasar de un lado al otro. Las preguntas en la poesía de Carrera nunca se responden con un "sí" o un "no" porque esos trajinados monosílabos quedan debajo del impávido avance de la felicidad. Es como si hubiera descubierto que la afirmación y la negación no hacen más que complicar las cosas, y la poesía es un dispositivo taoísta de simplificación. En esa indiferencia al "sí" y al "no" está una de las figuras que lo identifican, la espiral de indiferencia que lleva sus contemplaciones a otros planos. "Este era el CENTRO DE INDIFERENCIA al que había llegado; a través de él debían pasar necesariamente los viajes desde el Polo Negativo al Positivo" (Carlyle). Este centro fue un centrifugador de pasiones, y operó la maduración del poeta.

Hubo empero un paso intermedio, en el que varios libros de Carrera (*La Partera Canta, Mi padre, La Metáfora Descendente*) practicaron las arqueologías de la página, con los versos como ludiones que subían y bajaban, imprevisibles, en una atmósfera de vientos verticales. Con ellos inició las investigaciones familiares, que interrumpieron por unos años las mutaciones del Centro, o más bien las condensaron en una ovillada explicación del secreto doméstico. Al fin, a partir de un libro justamente famoso, *Arturo y yo*, llegó al estadio de los hijos-padres, la Ruritania escalonada donde triunfa Shiva, el preservador del mundo creado, o sea el presente. El formato, que sería el definitivo de su poesía, es una salmodia expresionista o Sprechstimme por escrito, de Arlequín solar estrellado.

La simplificación es sinuosa, porque está hecha de la vida, y la vida está hecha de lo innumerable. Un recurso fácil es anular, logrando igualdades de balance farmacéutico y descartando de a pares esto y lo otro, hasta que no queda nada, o queda muy poco. A un poeta esa maniobra no le sirve, porque de los muchos lenguajes del mundo el único que entiende es el de las asimetrías, y siempre le quedan restos. Ni siquiera la palabra y su nombre forman una dualidad equilibrada: por las dos puntas quedan ángulos que asoman y en los que se refleja una luz extraña proveniente de otros nombres y otras cosas.

Y aún así, el poeta va simplificando, como si no hubiera otro modo de seguir adelante. Por supuesto, no lo hay. De chicos, en Pringles, había una fábula que nos encantaba. En un monte legendario había un viejo sabio al que iban a consultar hombres y mujeres de comarcas cercanas y lejanas, potentados o amas de casa. Subían la ladera, a solas porque la entrevista se hacía en riguroso tête-à-tête, como una confesión, y no era otra cosa, exponían su caso sin omitir detalle, el vetusto oráculo pensaba un rato, y al fin emitía su Recomendación, concisa y tan acertada que el peregrino recibía una iluminación instantánea, bajaba por donde había subido, enmendaba sus yerros y en lo sucesivo era feliz. La fama del Viejo de la montaña crecía exponencialmente, las consultas se multiplicaban. (Eran gratuitas, detalle que también tiene su importancia.) Eventualmente, puede suponerse que su clientela cubrió la humanidad entera, con toda su variedad de necesidades y posibilidades ("a cada cual, según sus necesidades;

de cada cual, según sus posibilidades"). Y lo que más maravillaba al público era la adecuación infalible de cada Consejo a cada aconsejado, su sastrería moral a medida que no cedía en lo más mínimo a la filosofía indigente de las generalizaciones.

En este punto el autor del apólogo (que, después lo supimos, era un beato reaccionario, pero qué le puede importar eso a los niños) agregaba, con una sonrisita satisfecha que podíamos suponer cínica: Lo que no sabían todos esos creyentes era que el Viejo estaba sordo como una piedra: veía mover los labios de sus pacientes, se limitaba a esperar a que los cerraran, y después de una pausa en la que simulaba sopesar con cuidado los datos recibidos, pronunciaba el Consejo, que era siempre el mismo: "Simplifica, hijo, simplifica". Nada más. Estaba todo dicho. ¿Para qué extenderse? La brevedad es el alma de lo verdadero.

La enseñanza, como pasa siempre, está en los detalles marginales: cómo ganarse la vida de viejo, cómo superar la discapacidad auditiva, cómo practicar el andinismo de autosuperación. Sobre todo: cómo saber cuándo el interlocutor ha dejado de hablar.

Pero los niños que éramos también localizábamos un pequeño detalle que echaba a perder toda la construcción: ¿cómo era posible que no se difundiera la trampa? ¿Ninguno de los peregrinos contó nada, al volver? ¿Ninguno escribió sus memorias? Por esa línea de razonamiento llegaríamos a la conclusión de que publicar libros, antes que un gesto de vanidad o complacencia, era un modo de dar verosimilitud a las historias.

Los detalles también tenían importancia en tanto detalles, por su quidditas. La materia de la que estaba hecho un detalle en particular era secundaria. Eso lo comprobamos en nuestras visitas a la Biblioteca Municipal de Pringles, donde una señora, voraz lectora de novelas, iba a pedirlas y le recomendaba a la bibliotecaria que se las recomendaba: "¡Que tengan atmósfera! Lo único que quiero es atmósfera. Los detalles no me importan." También habría podido decir lo contrario, y su intelección de la sustancia literaria no habria variado; quizás tampoco habrían variado sus preferencias. La observación que sustentaba esta lección hebdomadaria de lecturas electivas era la de algún detalle superfluo, por ejemplo la peluca. Su demostración complementaba la "talking cure" del viejo sordo. En ambos casos se trataba de la neutralización de los opuestos por la persistencia del discurso. Sordera y audición, calvicie y cabellera, se mezclaban como arrastradas por un viento mudo y aventurero, el mismo viento que dispersaba los detalles en la "atmósfera".

Así procedían las conjeturas enguantadas del viento en el que el poeta pasó la infancia: Pringles, las Ruritanias patagónicas, tierra de inmigrantes. Ordenadas en una dialéctica de las generaciones que la poesía de Carrera, en su madurez, ha empezado a recuperar, esas tierras vacías estaban colmadas de historias diseminadas; en una atmósfera de culturas heteróclitas, sólo se necesitaba el gusto por el detalle, el oído afinado a los acentos, para que se abrieran las avenidas más extrañas de la percepción. A partir de ahí, terrores nocturnos y chillidos de espectros debían darse por sentados, aunque nunca sin el ritmo de un regreso desde muy lejos, como en los acertijos de sus ancestros sicilianos.

    Una notte in un stradotto
    Un incauto s'inoltró;

> E uno strillo udi di botto
> Che l'orecchia gl'intronò:
> Era l'ombra di sua nonna,
> Che pel naso lo piglió.
> Ouf! di giorno ne di sera
> Non passian la selva nera.

No había selvas negras en aquellos sitios, o no las habíamos comido todavía. Imposible perderse, salvo que uno fuera el niño cambiado de otra lengua.

De ahí puede venir la persistente militancia antibarroca de Carrera. En efecto, el barroco se caracteriza por la presencia de un espacio único que se modula en perspectivas torcidas y enroscadas por la subjetividad. Yo he argumentado en otra parte que el paisaje de la pampa se afilia más bien al rococó de las contigüidades intimistas. Y en el secreto doméstico de las comunidades inmigrantes puede estar la clave del peculiar hermetismo que preside su poesía. Después de todo, cada idioma es un secreto; pero dentro del secreto no hay secretos. Esa paginación de inclusiones, opaca hacia la escritura y cristalina hacia la lectura, le da a sus libros esa cualidad de acuario-nictógrafo que los caracteriza.

Me limitaré a dar un ejemplo, que va muy lejos en el regreso a la simplicidad que efectúa todo poeta. Una de las naciones que vinieron a compartir el viento de las llanuras del sur fue la galesa. Dueños de ingentes extensiones patagónicas (los campos de propiedad de la corona británica, The Tekka Land Company, llegaban hasta Pringles), los galeses conservaban tradiciones que incluían el té, las tortas de masa oscura en unas latas dificilísimas de abrir, y las baladas. Una de ellas nos encantaba, la llamada "Llyn-y-dreiddiad-vrand", que según la vacilante traducción de que disponíamos, proveniente de algún voluntario cuyas intenciones no podíamos calibrar, significaba "El estanque del fraile divino". Hela aquí:

Llyn-y-dreiddiad-vrand
(El estanque del fraile divino)

Gwenwynwyn interrumpió toda actividad social,
abandonó la comida, el sueño y hasta los rezos.
Se encerró con muchos libros y se dedicó al estudio:
su propósito era hallar la piedra filosofal.

La encontró al cabo de un tiempo; con éxito la probó:
de un toque transformó en oro el techo de su morada.
Con el oro contrató muchos guerreros valientes
que mataban y morían si se los remuneraba.

Se alzó al frente de esta tropa como un río desbocado
y llenó todo el país de sangre, de fuego y llanto.
No dejó un cerdo con vida, ni un odre de vino lleno.
Se apoderó de las vacas, los caballos, las ovejas.

Tomó pueblos y castillos; cortó miembros, segó vidas:
dejó sin padre a los niños, y viudas a las mujeres.
Estas costumbres dañinas cultivó por muchos años.
Hizo tanto mal que el mundo le dio el título de Grande.

Al cabo de sus hazañas, cuando al fin lo tuvo todo,
también quiso asegurarse un boleto para el cielo:
por grande que un hombre sea, siempre se ignora el
 camino que puede tomar el alma al desprenderse
 del cuerpo.

Buscó a los frailes más pobres, que en la orilla de un
 arroyo
habitaban santamente unas chozas miserables.
Gwenwynwyn eligió a uno, que era el más santo de todos.
Lo halló sentado pescando, solitario y en silencio.

Debajo de las espumas de una violenta cascada
donde el arroyo se estanca a descansar del camino
y antiguos robles extienden sus ramajes por encima,
aquel fraile ensimismado arrojaba sus anzuelos.

A él se dirigió Gwenwynwyn: "Tome, padre, la limosna
destinada a que la Iglesia haga el bien entre los pobres".
Le hizo entrega de la piedra. Quiso explicar sus virtudes.
El fraile no le dio tiempo: tuvo un ataque de furia.

Había estirado la mano contando recibir oro.
Esa piedra era ¡una burla! de Gwenwynwyn el Audaz.
Para mostrar su desdén y ventilar su impaciencia
revoleó el brazo y con fuerza arrojó la piedra al agua.

Gwenwynwyn por la sorpresa no atinó a decir palabra.
La piedra filosofal se hundió con un chapoteo.

Dos irradiaciones de ondas se vieron por un momento;
las alisó la corriente, como si no hubieran sido.

Con la voz recuperada Gwenwynwyn lo admonestó:
"¡Oh fraile, fraile irritable, qué mal elegí a mi fraile!
La piedra, la buena piedra, la que acabas de tirar,
¡era la piedra del oro, la piedra filosofal!"

El fraile palideció cuando comprendió su error.
Del blanco pasó al violeta y después se puso azul.
Y ahí nomás, desde la roca, se zambulló de cabeza,
sin demorarse siquiera en sacarse la sotana.

Fue un clavado muy profundo, pero no sirvió de nada,
la dádiva despreciada no pudo recuperar;
volvió a zambullirse luego, y otra vez y otra vez más
y cada vez el remanso más en hondura crecía.

Gwenwynwyn lo contemplaba, sin creer lo que veía:
que un fraile tan gris tuviera tanto don para el buceo.
Pero como el resultado no premiaba sus empeños,
lo dejó al fraile buceando, montó y volvió a su castillo.

Este fracaso, y el miedo, enfermaron a Gwenwynwyn.
Se murió esa misma noche, y esa noche fue al infierno.
Los magnánimos guerreros que había tenido a sueldo
se marcharon del castillo después de desvalijarlo.

No sonaron las campanas en la quietud de la noche,

por el tránsito del alma de Gwenwynwyn el Audaz;
la vieron pasar los frailes, los frailes grises y pobres,
sin rezarle una oración, sin entonarle una misa.

En el remanso del agua quedó el fraile en adelante.
La piedra filosofal se volvió su idea fija;
zambullidas de cabeza lo ocupaban todo el tiempo;
apenas para comer interrumpía el buceo.

Siguió buceando sin fin hasta el fin de su existencia.
Los lugareños veían con miedo al fraile demente
y en la pena y el espanto se hizo tan hondo el remanso
que nunca hubo una plomada que llegara a tocar fondo.

Y hoy mismo, cuando los vientos arrastran nubes de
    noche,
bajo la luz de la luna, en el remanso callado
se suele ver el fantasma del fraile que se zambulle,
la cabeza ya en el agua, los pies todavía en el aire.

La poesía es realmente un sistema de mónadas, autocontenidas y universales. En un solo poema que el azar hace circular alrededor del mundo están todos los poemas. En éste del fraile divino germinaba para Carrera, en un arremolinado anacronismo de toda la vida, la pasión por la pesca de su hijo mayor, las largas tardes de verano en las piscinas de Pringles, los soldados muertos durante la Revolución del 55 en las riberas del Pillahuinco, al que no lo sombreaban robles sino los mimbres enanos que parecían sus propios tiestos. Y hasta la palabra que eligió para que presidiera su primer libro: "aprofundizar" (porque en los años de su iniciación la poesía todavía se estudiaba). En una expansión asintótica, la poesía como aprendizaje de las transformaciones se alejaba hacia el centro del mundo, creando las dimensiones. Y el clavadista divino quedaba fijo en el aire, cabeza abajo, sobre el horizonte del sueño.

No era un fraile. Era un dedo. Señalaba los detalles fugitivos que ondulaban en el agua, el mundo flotante. Si el poema lo era todo, no podía ser un poema más sino el principio al que se retornaba para darle sentido a todas las lenguas. Un hechizo de necesidad cubrió el gesto de la deixis, y los poemas dejaron de ser ejemplos de poesía; eran la poesía misma en proceso. Y si hubo algo contingente en la localización de la "estatua que señala", Carrera la corrigió con la velocidad, que es el bibelot más preciado de su colección. La velocidad del presente, no como algo que huye sino como el equipaje que lleva consigo en el vértigo.

CÉSAR AIRA

Se terminó de imprimir en
Artes Gráficas Piscis S.R.L., Junín 845,
(C1113AAA) Buenos Aires, Argentina.
Mes de Julio de 2005